BEI GRIN MACHT SICH IHR WISSEN BEZAHLT

- Wir veröffentlichen Ihre Hausarbeit,
  Bachelor- und Masterarbeit

- Ihr eigenes eBook und Buch -
  weltweit in allen wichtigen Shops

- Verdienen Sie an jedem Verkauf

Jetzt bei www.GRIN.com hochladen
und kostenlos publizieren

Bibliografische Information der Deutschen Nationalbibliothek:

Die Deutsche Bibliothek verzeichnet diese Publikation in der Deutschen National-
bibliografie; detaillierte bibliografische Daten sind im Internet über http://dnb.d-
nb.de/ abrufbar.

Impressum:

Copyright © 2009 GRIN Verlag
Druck und Bindung: Books on Demand GmbH, Norderstedt Germany
ISBN: 9783668802230

Dieses Buch bei GRIN:

https://www.grin.com/document/134304

Petra Georg

Partnerschaft im Alter

GRIN Verlag

GRIN - Your knowledge has value

Der GRIN Verlag publiziert seit 1998 wissenschaftliche Arbeiten von Studenten, Hochschullehrern und anderen Akademikern als eBook und gedrucktes Buch. Die Verlagswebsite www.grin.com ist die ideale Plattform zur Veröffentlichung von Hausarbeiten, Abschlussarbeiten, wissenschaftlichen Aufsätzen, Dissertationen und Fachbüchern.

Besuchen Sie uns im Internet:

http://www.grin.com/

http://www.facebook.com/grincom

http://www.twitter.com/grin_com

Inhalt

Vorwort 2

1.Alter.. 3

2.Partnerschaft.. 4

3.Sexualität... 5

4.Partnerschaft im Alter 6

   4.1. Partnerschaftsmodell nach Rosenmayr.. 6

   4.2.Ehen im Alter und jahrelange Ehen.. 7

   4.3.Sexualität im Alter.. 8

      4.3.1.Sexuelle Probleme im Alter 8

      4.3.2.Sexualität und Altenpflege... 10

   4.4.Partnerverlust.. 14

Fazit.. 17

Vorwort

Ist ein Mensch alt, so ist sein Körper für alle sichtbar gealtert. Man merkt es an den Falten, an den grauen ausfallenden Haaren. Außerdem hören alte Menschen nicht mehr so gut und das Sehen ist häufig auch eingeschränkt. Die Bewegungen werden langsamer. Doch nicht nur der Körper altert, sondern auch die Psyche. Die heute alten Menschen haben teilweise zwei Weltkriege miterlebt, haben 3 Währungsumstellungen verarbeiten müssen und sie haben meistens schon Kinder und Enkelkinder erwachsen werden sehen. Außerdem haben sie viele Jahre gearbeitet und sind mit ca. 60 Jahren aus dem Berufsleben ausgestiegen. Auch auf sozialer Ebene haben sie schon einiges erlebt; so sind die Kinder ausgezogen und vielleicht haben sie schon einige Schulfreunde verloren. Eventuell ist auch schon der Partner verstorben oder er wird von Pflegekräften versorgt, weil der alte Mensch nicht mehr alleine zurecht kommt. Doch in all diesen Situationen ist dieser Mensch ein Individuum mit Bedürfnissen, Wünschen und Gefühlen.

In meiner Hausarbeit möchte ich aufzeigen, wie die Partnerschaften von alten Menschen aussehen. Unter anderem stelle ich mir die Fragen: Wie beeinflussen Partnerschaften das Leben alter Menschen? Brauchen alte Menschen Sexualität? Was machen sie bei Verlust eines Partners? Deswegen beschäftige ich mich auf den nächsten Seiten damit, was Beziehungen im Alter ausmacht und wie sie sich entwickeln. Dabei möchte ich besonders darauf eingehen, was Sexualität ausmacht, wie sie im Alter gelebt und wie sie beeinflusst wird.

1.Alter

Das Alter ist eine spätere Lebensphase, die in Verbindung mit körperlichen Rückbildungsprozessen steht. Die Verlaufsformen sind unterschiedlich (vgl. großes Wörterbuch Psychologie 2007, S. 15).

Die Weltgesundheitsorganisation definiert Menschen ab dem 65. Lebensjahr als alt. Das Altern ist ein komplexer Prozess, der natürlich, universal und unumkehrbar ist, er beginnt mit der Geburt und betrifft alle Lebewesen. Man kann den Prozess des Alterns aus biologischer, psychischer und sozialer Sicht betrachten. Jedoch gibt es unterschiedliche Alterstheorien aus verschiedenen Wissenschaftsbereichen. Dazu zählen: chronologische, biologische, psychologische, soziologische, pädagogische und sozialphilosophische Alterstheorien (vgl. Sozialwissenschaften 2001, S.203).

Das chronologische Alter wird anhand eines Kalenders gemessen. So können Lebensanfang und Lebensende genau bezeichnet werden; das Lebensalter lässt sich genau bestimmen, verschiedene Rechte treten zu gegebener Zeit in Kraft (z. B. Rente). Schutzgrenzen können einfacher gezogen (z.B. Jugendschutz) und Zugehörigkeiten können bestimmt werden (z.B. Hochzeitstag). Das chronologische Alter sagt objektiv etwas über die Veränderungen eines Menschen in einer bestimmten Lebensspanne aus, was es subjektiv für den einzelnen Menschen bedeutet, ist in diesem Fall nebensächlich. Der Mensch durchlebt allerdings auch Veränderungen an Organen und Geweben, dies wird durch die biologische Alterstheorie betrachtet. So können zwei Menschen, die chronologisch das gleiche Alter haben, biologisch gesehen unterschiedlich alt sein. Charakterisiert wird das biologische Altern durch die Umstellung des Hormonsystems, der Stoffwechselprozesse und der Rückbildung von Geweben und Organen. Genetische Faktoren können auch ihren Einfluss nehmen, dies ist aber noch nicht wissenschaftlich belegt. Die Anpassungsfähigkeit auf Umwelteinflüsse ist verlangsamt und wird abgebaut, deswegen hat das biologische Alter, aus medizinischer Sicht, Auswirkungen auf die Gesundheit. Alt sein bedeutet nicht gleichzeitig krank sein, nur die Erkrankungswahrscheinlichkeit ist wegen der geringeren Anpassungsfähigkeit erhöht. In der Psychologie steht subjektives Denken, Erleben und Fühlen im Vordergrund. Durch psychologische Methoden kann man objektive Daten über die Anpassungsfähigkeit, Belastungsbewältigung und die Zufriedenheit zusammentragen. Soziologen legen das Alter über die Altersrolle und den Status fest. Bezogen auf Fähigkeiten, Fertigkeiten und

Kenntnisse beschreiben pädagogische Alterstheorien das Alter. Bis ins hohe Alter können Menschen ihre Persönlichkeit entwickeln, die Gegenwart und die Zukunft gestalten und das eigene Handeln reflektieren (vgl. Sozialwissenschaften 2001, S. 204-209).

In der Sozialgeschichte des Alterns werden verschiedene Bilder von alten Menschen aufgezeigt. Demnach besteht nach der alt-testamentarisch-jüdischen Tradition eine große Macht der Alten gegenüber den jüngeren Menschen, z.B. Abraham, Hiob und Moses. Auch in der europäischen Antike waren alte Menschen Ratgeber für junge; so der Vater war Oberhaupt der Familie. Kaufleute, Adlige und Handwerker kauften sich während der Zeit des Mittelalters einen Platz im Spital oder Kloster. Während der Zeit der Aufklärung wurden aus Groß- Kleinfamilien, in denen etwas Platz für die Alten bestand. Durch die Sozialgesetzgebung wurden arme, alte, kranke und behinderte Menschen zur Jahrhundertwende sozial abgesichert und spezielle Einrichtungen nahmen gebrechliche Alte auf (vgl. Sozialwissenschaften 2001, S.203). Wichtig ist es also zu bedenken, dass das Altsein nicht nur von der einzelnen Person ausgeht, sondern auch von der Umwelt, die die Altersbilder prägt. So wird Altsein als soziales Schicksal gesehen (vgl. Sozialwissenschaften 2001, S.203). Was Altsein ist, hängt jedoch davon ab, wem die Frage gestellt wird. Alte Menschen haben ein differenzierteres Altersbild als jüngere Menschen; so sehen die Senioren das normale Altwerden mit körperlichen Einschränkungen. Im Gegensatz dazu steht das echte Altwerden, wo die älteren Menschen massiven geistigen Abbau implizieren (vgl. Psychologie heute, Mai 2007, S. 15).

2.Partnerschaft

Die Partnerschaft ist eine zwischenmenschliche Beziehung, die gleichberechtigt und dauerhaft ist; außerdem beruht sie auf der Übernahme von Verantwortung. Sie kann sowohl im privaten, als auch im beruflichen Bereich auftreten (vgl. großes Wörterbuch Psychologie 2007, S. 257). Im höheren Alter driften die Lebensformen von Männern und Frauen auseinander. Männer leben seltener allein oder in Institutionen, sie haben meistens noch Lebenspartnerinnen. Auf Grund der höheren Lebenserwartung und des niedrigen Heiratsalters leben Frauen häufiger in Seniorenheimen oder alleine. Im Gegensatz zu Frauen leben verwitwete Männer meistens in nichtehelichen Lebensgemeinschaften, (vgl. Familienformen im sozialen Wandel 2008, S. 315). Der größte Teil der heute über 65 jährigen Menschen ist verheiratet, natürlich steigt der

Anteil der Verwitweten mit zunehmenden Lebensalter, insbesondere bei den Frauen. Nur ein geringer Teil dieser Menschen ist geschieden oder hat nie eine Ehe geführt. Bei den bestehenden Ehen handelt es sich um langjährige Beziehungen, in denen die Paare die Phase der Kindererziehung durchlebten, und leben noch viele Jahre nach der Erwerbstätigkeit in ihrer Partnerschaft. Auch leben ca. 10 % der über 60 jährigen in nichtehelichen Lebensgemeinschaften. Bei eintretender Pflegebedürftigkeit tritt meist der Ehepartner als Pflegender ein, wobei diese Lebenssituation von starken Belastungen geprägt ist (vgl. Sexualität und Partnerschaft in der zweiten Lebenshälfte, 2001, S. 11-16).

3.Sexualität

Den lustvollen Ausdruck von der Geschlechtlichkeit des Menschen nennt man Sexualität. Sexualität im biologischen Sinne ist ein angeborener Trieb, der durch die Produktion von Hormonen verstärkt wird. Für die Auslösung sexueller Erregung spielen physische als auch psychische Aspekte eine Rolle. In der Sexualwissenschaft ist auch die Motivation, sexuelle Lust zu erfahren, ein wichtiger Punkt der Sexualität. Anfang des 20. Jahrhunderts waren in der Gesellschaft Maßnahmen zur Sexualaufklärung und Verhütungsberatung an der Tagesordnung. In den 60er Jahren brachte die „sexuelle Revolution" einen offeneren Umgang mit diesem Thema (vgl. großes Wörterbuch Psychologie 2007, S. 313 ff.). Das Spektrum der Sexualität beinhaltet sexuelle Handlungen, erotische Gefühle, Fortpflanzung, Sexualtrieb und das Bedürfnis nach Liebe, persönlicher Erfüllung und Geborgenheit. Sie wirkt als Antrieb, um auf andere Menschen zuzugehen und eine Bindung zu suchen. Also beeinflusst sie die Menschen und deren Verhalten von der Geburt bis zum Tod (vgl. Pflege heute 2000, S. 240). Zu persönlichen und privaten Angelegenheiten gehört das sexuelle Verhalten und Erleben. Das Reden darüber fällt vielen Menschen schwer, weil es ein Tabuthema ist. Die Funktionen der Sexualität aus psychologischer Sicht sind Lust-, Sozial- und Fortpflanzungsfunktion.

Besonders in der Phase der Paarbildung unterscheiden sich zärtliche und sexuelle Wünsche nicht wesentlich von denen des Partners. Erst mit der Manifestierung der Partnerschaft verschiebt sich das Interesse bei Männern eher in die sinnliche und bei Frauen in die zärtliche Form (vgl. Familienformen im sozialen Wandel 2008, S. 284).

4.Partnerschaft im Alter

Ehepaare leben heute fast ein halbes Jahrhundert zusammen. Allerdings steigt somit auch die Wahrscheinlichkeit einer Scheidung. Gründe für eine Scheidung im höheren Alter sind der Eintritt in den Ruhestand, die Pflegebedürftigkeit eines Partners und andauernde Beziehungskrisen (vgl. Sozialwissenschaften 2005, S. 188-189).

Soziale Beziehungen gehören zu den Grundbedürfnissen von alten Menschen. Einsamkeit entsteht immer dann, wenn dieses Bedürfnis nicht in ausreichendem Maß erfüllt wird. Gründe dafür können der Verlust des Lebenspartners, geringer Kontakt zu Kindern, Verlust von Freunden und Angehörigen, die Wohnsituation oder die finanziellen Verhältnisse sein. Partnerschaft und Sexualität benötigt Intimität, jedoch ist die Privatsphäre häufig durch die Wohnsituation eingeschränkt (vgl. Sozialwissenschaften 2005, S. 77-78).

Es gibt geschlechtstypische Unterschiede bei der Beurteilung der Beziehung. So sind Männer zufriedener in den Beziehungen als Frauen. Jedoch lässt sich sagen, dass eine Mehrzahl von Ehen im mittleren und höheren Alter stabil ist (vgl. Sexualität und Partnerschaft in der zweiten Lebenshälfte 2001, S.17-20).

4.1. Partnerschaftsmodell nach Rosenmayr

Der österreichische Alterssoziologe Leopold Rosenmayr untersuchte mit Hilfe von Interviews die Bedeutung von Ehe und Partnerschaft im Alter für soziale Aktivitäten, für Gesundheit und für die Beziehung. Daraus entstanden 3 Partnerschaftsmodelle: 1. Die Festung beschreibt, dass ein Paar nach außen eine Einheit bildet, aber im inneren Bereich bestehen gegenseitige Schuldzuweisungen und Kämpfe. Dieses Beziehungsklima führt häufig zur Sprachlosigkeit im Alltag. (Psychosomatische) Erkrankungen werden gefördert und der Tod eines Partners bedingt die Zuspitzung der Situation. Als 2. Modell erklärt Rosenmayr die ambivalenten Partner. Hier schwanken die beteiligten zwischen Hass und Liebe, das bedeutet, dass nach Zuneigung Abwendung folgt. Beziehungen außerhalb der Partnerschaft werden genutzt. Diese Form fördert ebenso (psychosomatische) Erkrankungen, wie Suchtverhalten. Die glücklichen Paare sind Inhalt des 3. Partnerschaftsmodells. Dabei haben beide Partner ein ausgewogenes

Verhältnis zwischen Nähe und Distanz gefunden. Sie können sich voneinander abgrenzen und eigene soziale Kontakte pflegen. Geborgenheit und Nähe erfahren diese Paare durch ihre Intimität. Verbundenheit und Verbindlichkeit zeigen sich nicht nur nach außen, sondern bestehen auch im inneren Bereich der Partnerschaft (vgl. Sozialwissenschaften 2005, S. 189).

4.2.Ehen im Alter und jahrelange Ehen

Die Zahl der Eheschließungen im Alter ist gering. Die Anzahl der Männer ist doppelt so hoch wie die der Frauen, weil diese befürchten, dass sie durch eine Eheschließung Versorgungsansprüche und Selbständigkeit verlieren. Motive einer Eheschließung bei Männern sind, dass sie nicht mehr allein sein und versorgt werden wollen. Häufiger leben ältere Menschen in eheähnlichen Gemeinschaften, dadurch nutzen sie soziale und wirtschaftliche Vorteile. Vorbeugung von Einsamkeit und gegenseitige Unterstützung sind Inhalt dieser Beziehungen (vgl. Sozialwissenschaften 2005, S. 189).

Psychologen haben allerdings auch herausgefunden, dass die Zufriedenheit in der Ehe steigt, wenn die Kinder ausgezogen sind. Dies erklärt sich nicht nur dadurch, dass man mehr Zeit miteinander verbringt, sondern auch dass sich die Qualität verbessert, denn sie können sich wieder aneinander erfreuen und müssen sich nicht mehr um die Kinder sorgen (Psychologie heute, Juni 2009,, S.15).

Was Paare über viele Jahre zusammenhält unterliegt verschiedenen Erfolgsrezepten. So sagte beispielsweise einmal Bill Clinton folgendes über seine Ehe und was sie zusammenhält: „Freundschaft plus Liebe plus niemals Langeweile plus nie aufgeben" (Liebe ein Leben lang? Was Paare zusammenhält 2008, S. 23). Jedoch nennen die meisten Menschen am häufigsten Toleranz, Vertrauen und Offenheit. Aber auch Liebe, konstruktive Kommunikation und Konfliktlösung. Als weitere Erfolgsfaktoren für langjährige Ehen gelten bei den meisten Paaren Solidarität und gegenseitige Unterstützung (vgl. Liebe ein Leben lang? Was Paare zusammenhält 2008, S. 32).

Toleranz und Akzeptanz sind für viele Menschen ein wichtiger Beziehungsbestandteil. Die Kleinigkeiten stellen die Geduld auf die Probe. Am Anfang sieht man über viele Dinge hinweg, findet es sogar anziehend und interessant. Um diese Einstellung aufrecht zu erhalten, kann es helfen, wenn man an seine eigenen Macken denkt. Jede Beziehung bedeutet auch ein

Stück zu verzichten, solange die Basis stimmt (vgl. Liebe ein Leben lang? Was Paare zusammenhält 2008, S. 24 f.). Offenheit und Vertrauen gehören zur Grundlage einer Beziehung. Außerdem gehören auch ein gutes Paarklima, eine intakte Sexualität, der Wille Verantwortung zu übernehmen und Verlässlichkeit auf den Partner dazu (vgl. Liebe ein Leben lang? Was Paare zusammenhält 2008, S. 227). Paare stellen nach Auszug der Kinder hohe Ansprüche an ihre Beziehung, haben aber auch eine positive Wahrnehmung gegenüber ihrer Beziehung und gleichzeitig besteht eine gute Konfliktkompetenz. Gefordert werden Investition, Gemeinsamkeit und Gleichberechtigung (vgl. Liebe ein Leben lang? Was Paare zusammenhält 2008, S. 190). Wichtig ist, was Herrmann Hesse einmal sagte: „ Glück ist Liebe, nichts anderes. Wer lieben kann, ist glücklich." (Hermann Hesse in Liebe ein Leben lang? Was Paare zusammenhält 2008, S. 228)

4.3.Sexualität im Alter

Erotik und Sexualität gehören zu den positiven Beziehungsmerkmalen. Auch im Juristischen wird die Ehe erst vollzogen, wenn man miteinander schläft. Die Häufigkeit ist dabei nicht ausschlaggebend, denn diese ist von Paar zu Paar unterschiedlich. Allerdings reden viele Paare nicht darüber um den Partner nicht unter Druck zu setzen oder zu verletzen. Sexualität betrifft unsere Persönlichkeit, weswegen Kritik sehr kränkend sein kann. Jedoch sollte unbedingt darüber geredet werden, denn sexuelle Zufriedenheit hängt eng mit der Zufriedenheit in der Beziehung zusammen (vgl. Liebe ein Leben lang? Was Paare zusammenhält 2008, S. 50). Sexualität lässt sich natürlich auch physiologisch beschreiben. So lässt sich bei allen Menschen beobachten, dass in bestimmten Situationen der Botenstoff Dopamin ausgeschüttet wird, der den Menschen zum Beispiel Sexualität positiv empfinden lässt (Psychologie heute Mai 2009, S. 10).

4.3.1.Sexuelle Probleme im Alter

Sexuelle Probleme älterer Menschen in der Literatur beschreiben zu fast 75% Erektionsprobleme von Männern. Bei sexuellen Problemen von Frauen liest man am häufigsten von Dyspareunie (lat. Schmerzen beim Geschlechtsverkehr). Tatsächlich ist es so, dass nur eine geringe Nachfrage zur Behandlung von Sexualstörungen bei Frauen besteht (vgl. Sexualität und Partnerschaft in der zweiten Lebenshälfte 2001, S.87).

4.3.1.1.Ursachen sexueller Probleme

Das häufigste Sexuelle Problem bei älteren Frauen ist der Mangel an Zärtlichkeit. Vielen fehlt die Gelegenheit zum Austausch, da sie keinen Partner mehr haben und zum Teil körperlich zurückhaltend in Familie und Freundeskreis sind. Ein weiteres sexuelles Problem bei Frauen ist der Mangel an sexuellem Kontakt. Wobei die Ursachen dafür vielfältig sein können. Es kann sein, dass sich der Partner zurückgezogen hat als Folge einer schweren Erkrankung oder weil der Partner einfach so seine sexuelle Initiative eingestellt hat. Häufig wird nicht darüber gesprochen. Ursache können auch massive Beziehungsprobleme sein. Einige Frauen sehen als sexuelle Probleme auch Routinesex. Manche Frauen erleben Schuldgefühle wegen sexueller Phantasien, Gefühle und Handlungen. Meist ist die Ursache dafür die katholische Moral. Ursache für Schmerzen beim Geschlechtsverkehr sind postmenopausale Lubrikationsstörungen und Beziehungskonflikte. Allerdings gibt es auch Probleme, die nicht als solche empfunden werden, dazu zählen Anorgasmie und fehlende sexuelle Selbstkenntnis (vgl. Sexualität und Partnerschaft in der zweiten Lebenshälfte 2001, S.89 ff.). Körperliche Ursachen für eine Minderung von sexuellem Verlangen bei Frauen ist die Menopause. Das erklärt sich daraus, dass durch die Hormonumstellung nachts stark geschwitzt wird, dadurch schläft die Frau wiederum schlecht und daraus folgt, dass sie keine Energie für sexuelle Aktivitäten hat. Außerdem verringert die Einnahme von Östrogenen in der Menopause das sexuelle Verlangen (Psychologie heute, Februar 2008, S. 67).

Bei Männern ist die häufigste Problematik die Impotenz, die durch verschiedene Erkrankungen, Operationen und Medikamente hervorgerufen wird. Erektionen werden weniger, sind störungsanfälliger und entstehen langsamer, ältere Männer benötigen zudem mehr Stimulation, um zum Orgasmus zu kommen, wobei dieser auch weniger intensiv erlebt wird. Sowohl bei männlichen, als auch bei weiblichen älteren Personen lassen sich Ursachen für sexuelle Probleme in der Biografie finden. In diesem Spektrum betrachtet handelt es sich um keine oder unzureichende Sexualaufklärung, strikte, religiös geprägte Sexualmoral, sexuelle Doppelmoral, wobei Männer mehr dürfen als Frauen. Die Erwartung, dass sich

9

Männer besser auskennen müssen. Teilweise liegt es auch an der Auffassung, dass Sex Männern Spaß machen soll, bei Frauen muss das nicht sein, außerdem spielen zum Teil auch sexuelle Gewalterfahrungen eine Rolle (vgl. Sexualität und Partnerschaft in der zweiten Lebenshälfte 2001, S.93 ff.).

4.3.1.2.Lösungsansätze sexueller Probleme

Bei allen Lösungsansätzen muss man natürlich erst einmal erkunden, woher das sexuelle Problem kommt, so muss gegebenenfalls eine Grunderkrankung behandelt werden, ehe man weiter vorgeht (vgl. Sexualität und Partnerschaft in der zweiten Lebenshälfte 2001, S.98). Eine Hormonbehandlung mit Östrogen, Progesteron und Testosteron könnte positive Effekte bei postmenopausalen Frauen haben. Natürlich können Hormongaben nur in speziellen Fällen als primäres Therapeutikum für sexuelle Probleme verwendet werden (vgl. Sexualität und Partnerschaft in der zweiten Lebenshälfte 2001, S.99). Wichtiger ist meistens die psychosoziale und psychotherapeutische Intervention. In diesem Fall stehen nicht nur Fachärzte und Hausärzte zur Beratung zur Verfügung, sondern auch Beratungsstellen, Paartherapeuten, Sexualtherapeuten, sowie sexualtherapeutische Spezialambulanzen (vgl. Sexualität und Partnerschaft in der zweiten Lebenshälfte 2001, S.100) Auch für Männer gibt es medikamentöse Lösungen; so stellt das Medikament „Viagra" eine zentrale Rolle in der Behebung von Erektionsstörungen dar (vgl. Sexualität und Partnerschaft in der zweiten Lebenshälfte 2001, S.99).

4.3.2.Sexualität und Altenpflege

Altenpflege beinhaltet alle Aufgaben und Tätigkeiten im sozialpflegerischen Bereich für pflegebedürftige alte Menschen und deren Angehörige. Sie ist ein Teilbereich der Altenhilfe. Rahmenbedingungen für die Altenpflege stellen das Recht und die Sozialpolitik dar (vgl. Sozialwissenschaften 2001, S.8).

Sexuelles Interesse, sexuelle Aktivität und sexuelle Zufriedenheit sind auch in diesem Lebensabschnitt ein Ziel der Lebensqualitätssicherung. Die Ressourcen, die Belastungen und soziodemographischen Variablen eines Menschen nehmen Einfluss auf das Erreichen des Zieles. Aufgeschlüsselt lässt sich sagen, dass zu den Ressourcen Gesundheit, Körperakzeptanz, Selbstwert, Optimismus, soziales Netzwerk, Partnerschaft, Kommunikation und allgemeine Lebenszufriedenheit gehören. Schlüsselt man die Belastungen auf, so lassen sich gesundheitliche Beschwerden, Medikamentenkonsum und Stress in Familie, Arbeit, Finanzen, sowie sozialen Beziehungen erkennen. Soziodemographische Variablen sind Alter, Geschlecht, Bildung, berufliche Situation, Zivilstand, Partnerstatus, Familien- und Wohnsituation. Diese Einflussfaktoren sind subjektiv wahrgenommen. Diese Betrachtungsweise ist auf der Grundlage des Ressourcen-Belastungsmodell nach Hornung und Gutscher aufgebaut (vgl. Sexualität und Partnerschaft in der zweiten Lebenshälfte 2001, S.34). Jedoch sind im Vergleich zum sexuellen Erleben bei jungen Menschen die Interessen bei alten Menschen verschoben. Sie verschieben sich von eher genitalen Interessen zu Zärtlichkeiten und dem Wunsch nach Partnerschaft. Vor allem betrifft das Frauen. Der Wunsch, sich jemandem zu offenbaren, seine Nähe, Wärme und Zuneigung zu spüren bleibt bestehen. In allen Lebensphasen wirken Erotik und Zärtlichkeit, um sich selbst zu entfalten und Glück zu empfinden. (vgl. Altenpflege zeitgemäß und zukunftsweisend 2005, S. 682).

Unterschiedliche Wissenschaftlerinnen haben sich mit der Struktur der Pflege beschäftigt, so auch Monika Krohwinkel, eine deutsche Pflegewissenschaftlerin. Ihrer Meinung nach beeinflussen 13 Lebensaktivitäten Leben und Gesundheit eines Menschen, wobei Lebensaktivitäten mit Bereicher verglichen werden können, in denen pflegerische Bedürfnisse auftreten können. Diese Lebensaktivitäten bezeichnet sie als AEDLs (Aktivitäten und existenzielle Erfahrungen des Lebens) (vgl. Altenpflege zeitgemäß und zukunftsweisend 2005, S. 11 ff). AEDL (Aktivitäten und existenzielle Erfahrungen des Lebens) 10 wird bezeichnet als: sich als Frau oder Mann fühlen und verhalten können. Damit bezieht sie sich auf die Rolle, die die jeweilige Person einnimmt (vgl. Altenpflege zeitgemäß und zukunftsweisend (2005) S. 682). Monika Krohwinkel betrachtet dabei die Grundhaltung gegenüber Sexualität, Nähe und Distanz, sexuelle Interessen und Verhaltensweisen, Beziehungen unter Bewohnern, Intimsphäre der Pflegenden und zu Pflegenden und sexuelle Störungen. Häufig wird angenommen, alte Menschen seien an sexuellem Erleben desorientiert und nicht mehr in der Lage, es auszuführen. Vor ca. 50 Jahren galt das Alter als nachgeschlechtliches Stadium, das Erwachsenenalter als geschlechtliches Stadium und das Kindesalter als vorgeschlechtliches Stadium. (vgl. Altenpflege zeitgemäß und zukunftsweisend 2005, S. 682 ff.). Es gibt keine festgesetzten Regeln, wann und wie oft

Sexualität erlebt werden sollte, wichtig ist nur, dass beide Partner zufrieden sind (vgl. Liebe ein Leben lang? Was Paare zusammenhält 2008, S. 50).

Sexualität ist auch im Alter wichtig. Der Lebenswille und die Lebensaktivität werden von Geborgenheit, Bindung um Zärtlichkeit stimuliert. Deshalb sollten sie auch dem alten Menschen gewährt werden (vgl. Pflege heute 2000, S. 241).

Einen besonderen Stellenwert nimmt die Sexualität im Pflegeheim ein; sie sollte besonders betrachtet werden. Nur ca. 8 % der im Alten- und Pflegeheim wohnenden Menschen sind verheiratet. Trotzdem kommt dem Bereich Partnerschaft und Sexualität eine bedeutende Rolle zu (vgl. Sexualität und Partnerschaft in der zweiten Lebenshälfte 2001, S.26 ff). In der Regel leben in Altenpflegeeinrichtungen wesentlich mehr Frauen als Männer, dadurch ist die Partnerfindung für Frauen in diesem Fall schwerer. Jedoch besteht bei diesen Frauen auch der Wunsch nach Zweisamkeit. Da dieser Wunsch unerfüllt bleibt, kommt es oft zum Rückzug und zur Einsamkeit. Sexualität ist bei den Heimbewohnern häufig mit Scham und mit Angst verbunden, da die meisten eher konservativ und sexualfeindlich erzogen worden sind. Deshalb entsteht die Angst, was andere Bewohner, Pflegekräfte oder die eigene Familie denken könnten. (vgl. Altenpflege zeitgemäß und zukunftsweisend 2005, S. 683) Doch im Altenheim ist das Thema Sexualität ein Tabuthema. Es gibt 4 Aspekte, die dabei betrachtet werden sollten:

1. Es gibt auch im Altenheim neu entstehende Partnerschaften, jedoch werden diese kaum zur Kenntnis genommen oder werden belächelt. In diesem Umfeld ist es für den alten Menschen schwer, seine Gefühle und Bedürfnisse zu verbalisieren und zu leben.

2. Zu Scham und Unsicherheit auf Seiten der Bewohner und Mitarbeiter kann es kommen, wenn zu Pflegende bei sexuellen Handlungen angetroffen werden. Solche Situationen treten auf, wenn die Privatsphäre nur mangelhaft eingehalten wird.

3. Bei Pflegehandlungen besonders im Intimbereich können möglicherweise unbeabsichtigt sexuelle Erregungen auftreten, dadurch befindet sich der Bewohner in einer sehr unsicheren und ungeschützten Situation. Oft wissen weder Bewohner noch Pflegemitarbeiter, wie sie angemessen mit dieser Situation umgehen sollen. Es gibt keine Richtlinien für den Umgang mit einer solchen Situation, jedoch ist eine

solche Situation in jedem Fall von Seiten der Pflegekraft mit höchster Sensibilität zu behandeln.

4. Durch unterschiedliche Erkrankungen kann es zur Enthemmung von Bewohnern kommen, z. B. durch dementielle Erkrankungen. Sehnsüchte werden häufig in unangemessener, verletzender Weise geäußert. Die jeweiligen Mitarbeiter können sich gegen solche Handgreiflichkeiten kaum schützen. Am häufigsten fliehen die Mitarbeiter vor dieser Situation und vermeiden es, erneut in eine solche Situation zu kommen, selten kommt es zu Maßnahmen der Abneigung.

Mitarbeiter sollten in Zukunft für die Thematik „Sexualität im Pflegeheim" sensibilisiert werden, idealerweise durch Fortbildungsmaßnahmen, um fundiertes Wissen als Grundlage für eine offene Auseinandersetzung zu schaffen. Allerdings darf es auch an Einfühlungsvermögen der Mitarbeiter nicht mangeln (vgl. Sexualität und Partnerschaft in der zweiten Lebenshälfte 2001, S.26 ff). Die eingeschränkte Privatsphäre durch Zweibettzimmer, häufiges Ein- und Ausgehen des Personals in den persönlichen Wohnbereich und die Beobachtung von Mitbewohnern schränken das Entstehen und Wachsen von liebevollen Beziehungen ein (vgl. Altenpflege zeitgemäß und zukunftsweisend 2005, S. 683). Pflegende haben besonders intensiven Kontakt zu den alten Menschen und sind mit Fragen zur Sexualität besonders konfrontiert. Toleranz und gegenseitiges Vertrauen sind Grundlage für ein solches Gespräch. Pflegekräfte müssen dieses Thema immer wieder neu enttabuisieren. Entlastung finden die Pflegenden durch Gespräche im Team, Voraussetzung ist aber eine offene und vertrauensvolle Atmosphäre (vgl. Altenpflege zeitgemäß und zukunftsweisend 2005, S. 684). Zu viel Nähe in der Beziehung zwischen Pflegebedürftigem und Pflegekraft kann zu Übergriffigkeit und zum Burn-Out-Syndrom, zu viel Distanz kann zu Härte und Zynismus führen. Durch die Sehnsucht nach Nähe der Pflegekraft kann es dazu kommen, dass sie sich zu sehr mit dem Pflegebedürftigen identifiziert (vgl. Sexualität und Partnerschaft in der zweiten Lebenshälfte 2001, S.134).

Um die Intimsphäre zu wahren, könnten gleichgeschlechtliche Pflegepersonen die Pflegemaßnahmen durchführen, die Kleiderwahl sollte die Persönlichkeit des Bewohners unterstreichen. Bei Betreten des Zimmers muss immer angeklopft werden und auf die Antwort des Bewohners gewartet werden. Außerdem sollten auch persönliche Vorlieben respektiert werden, z. B. das Sammeln von Pornoheften. Wenn man vom Intimbereich spricht, dann meint man nicht nur den Genitalbereich; sondern auch alle körperlichen und seelischen

Bereiche. Kaum ein anderer Beruf erfordert so viel emotionale und körperliche Kontaktaufnahme wie der Pflegeberuf (vgl. Altenpflege zeitgemäß und zukunftsweisend 2005, S. 684).

Jedoch sollte auch bedacht werden, dass der größte Teil der Pflegebedürftigen zu Hause gepflegt wird, meist vom Ehepartner. Je nach Alter ist der Pflegende selbst nicht mehr gesund, sondern leidet an funktionellen Einschränkungen, die die Pflege erschweren. Die Beziehung eines solchen Paares ändert sich bedeutend, dies gilt auch, wenn eine andere Person die Hauptpflege übernimmt. Häufig leben nicht verarbeitete Konflikte in dieser schweren Situation wieder auf. Besonders schwierig ist allerdings die Sexualität bei Menschen, bei denen der Pflegende lernen muss, mit einer veränderten Persönlichkeit seines Partners, z.B. durch Demenzerkrankung, umzugehen. Sie müssen von ehemals gemeinsamen Wünschen und Träumen Abschied nehmen. Beratungsstellen beschäftigen sich häufig nur mit der Betreuung und der Pflege, nicht aber mit der Partnerschaft und Sexualität, wobei viele ältere Menschen sich nicht trauen über dieses Thema zu reden. Allerdings ist zu vermuten, dass sich dies in Zukunft ändern wird, da diese heute schon anders mit dem Thema Sexualität umgehen (vgl. Sexualität und Partnerschaft in der zweiten Lebenshälfte 2001, S.22-26).

4.4.Partnerverlust

Partnerverlust meint die Scheidung vom Partner oder den Tod des Partners. Beides sind trauerauslösende Ereignisse; die bewältigt werden müssen (vgl. Altenpflege zeitgemäß und zukunftsweisend 2005, S. 515).

Trauer ist eine emotionale Reaktion auf einen Verlust (vgl. großes Wörterbuch Psychologie 2007, S. 344). Außerdem bezeichnet Trauer die Gefühle von Schmerz, Verlassensein, Einsamkeit und Zorn (vgl. Pflege heute 2000, S. 518). Für die Hinterbliebenen geht das Leben weiter, allerdings müssen sie die Angst und die Belastung der Trennung ertragen und überwinden, wenn die Trauerarbeit erfolgreich sein soll. Normalerweise ist die Periode des Trauerns zeitlich begrenzt, geschieht dies nicht, besteht eine Fehlanpassung (vgl. D. Krech, Grundlagen der Psychologie Band 6, S. 74).

Definiert wird der Begriff Trauer als aktiver psychischer Prozess, bei dem die Person den Verlust einer Sache oder einer Person verarbeitet und lernt, sich neu zu binden. Der Prozess der Trauer ist ein Entwicklungsprozess, ähnlich den Phasen des Sterbens von E. Kübler-Ross. Nach V. Kast unterteilen sich die Phasen der Trauer in 4 Teile. Am Anfang steht der Schock, bei dem der Betroffene nicht wahrhaben will, was geschehen ist. Die Betroffenen sind vor Schreck kaum handlungsfähig. Danach treten die Emotionen ein, die Betroffen fühlen sich allein, verlassen, sind orientierungslos und verzweifelt. Wut und Angst treten auf und es zeigen sich Tränen und Schlafstörungen. Bei manchen treten auch Schuldgefühle auf, da man so vieles noch zusammen machen wollte, es aber nicht mehr geschafft hat. Indem man an den Verstorbenen denkt, und mit anderen über die Person spricht, klärt man sein Emotions-Chaos durch Erinnerung. Das ist die dritte Phase. Die letzte Phase ist der Prozess, in dem man sich ablöst. Das bedeutet, dass der Verlust angenommen wird, man sich zurückzieht oder dass man neu beginnt. Der Betroffene besinnt sich auf sich selbst und das Leben wird weiter geplant und er öffnet sich eventuell für neue Beziehungen. Ziel dieses Prozesses ist die Annahme der Realität ohne den Partner (vgl. Altenpflege zeitgemäß und zukunftsweisend 2005, S. 515). Ein weiteres Modell beschreibt den Verlauf des Trauerprozesses. Das Modell der Trauer nach Bowlby beschreibt 5 Phasen. Demnach tritt kurz nach Empfang der Todesnachricht Schreien, Wutausbrüche, Weinen, Übelkeit, Ohnmacht oder reglose Versteinerung ein. Diese Phase nennt Bowlby Betäubung. Doch gleich darauf setzt die Kontrolle ein, um sich mit den zahlreichen Sachproblemen, wie Beerdigung, Behörden und Versicherungen, auseinander setzen zu können. In der Phase der Sehnsucht begibt sich der Trauernde auf die Suche nach dem Toten. Das heißt, er sucht Plätze auf, die ihn an den Verstorbenen erinnern, er betrachtet Erinnerungsstücke und Fotos. In der nächsten Phase versucht der Trauernde, dem Schmerz auszuweichen, indem er den Tod leugnet. Deshalb führt er teilweise Gespräche mit dem Verstorbenen, richtet sich weiter nach dessen Wünschen und deckt ihm den Tisch. Doch am Ende dieser Phase bricht die Abwehr zusammen und der Trauernde rutscht in die Phase der Desorganisation und Verzweiflung. Dabei durchlebt man innere Kämpfe und Niedergeschlagenheit. Das Weiterleben erscheint sinnlos ohne den Toten und der eigene Tod wird herbeigesehnt. Ein Alltagsleben scheint nicht möglich. Diese Phase ist ein hohes Risiko für die Widerstandskraft und somit für die Gesundheit. Der Schmerz lässt aber in den meisten Fällen langsam nach und es wird dem Trauernden möglich, sich neue Ziele zu setzen. Die letzte Phase nach Bowlby nennt man Reorganisation und Bewältigung. Diese ist meist gekennzeichnet durch einen Umzug, durch die Aufnahme einer Arbeit und im Aufbau neuer Beziehungen. Die Zeit mit dem Verstorbenen wird als Vergangenheit angenommen und die Erinnerung an ihn schmerzt weniger (vgl. Pflege heute 2002, S. 520).

Nicht immer erreicht man durch Trauerarbeit das gewünschte Ziel der Annahme der Realität durch aktive Auseinandersetzung mit dem schmerzlichen Verlust. Deshalb kann es zu Alkohol- und Medikamentenmissbrauch kommen, Krankheiten können sich entwickeln oder psychosomatische Beschwerden können auftreten. Häufig können nahe stehende Personen nicht helfen, da sie nicht wissen, wie sie mit Trauer und Tod umgehen sollen. Oft fühlen sie selbst ihre Hilflosigkeit. Oftmals hilft schon eine kleine Geste. Dazu zählt, dass man die depressive Verstimmung akzeptiert, die Gefühle verbalisiert werden und Schuldgefühle und Wut sollten nicht bewertet werden. Außerdem sollte man den Trauernden über längere Zeit verlässlich begleiten und Trauerrituale, wie Gottesdienst oder Friedhofbesuche, einhalten. Berücksichtigen sollte man auch Feiertage und persönliche Gedenktage (vgl. Altenpflege zeitgemäß und zukunftsweisend 2005, S. 515 ff.).

Psychologen sehen das erste Jahr nach dem Tod des Partners als kritischstes Jahr, indem die Hinterbliebenen Suizid begehen. Bei manchen Trauernden bleibt das Gefühl auch sterben zu wollen. Denn plötzlich steht man allein, mit den gemeinsamen Wünschen und Träumen für den letzten Lebensabschnitt. Oft wollten die Betroffenen mehr Zeit zu zweit verbringen, viele wollen dann reisen, das Leben einfach genießen. Diese Wüsche fallen mit dem Tod des Partners einfach weg. Was aber meist noch bleibt, das ist die Familie, auf die man sich stützen kann (Psychologie heute, Juni 2007, S. 85).

Fazit

Zusammenfassend lässt sich sagen, dass es in allen Altersstufen sexuelles Erleben und Liebe gibt. Es kommt immer darauf an, wie alt sich die jeweilige Person fühlt und ob sie emotional dazu in der Lage ist, eine Beziehung zu führen. Altsein definiert jeder für sich anders. Auch Trauer sollte nicht außer Acht gelassen werden. Wenn ein alter Mensch eine wichtige Person aus seinem Leben verloren hat, entweder durch Scheidung oder durch Tod, kann das das Verhalten und Denken stark beeinflussen, denn nicht immer führt Trauerarbeit zu dem erwünschten Ziel.

Außerdem liegt es an der individuellen Einstellung, der Wohnsituation, der Beziehungssituation und der körperlichen Verfassung, ob und wie Sexualität gelebt wird. Besonders schwierig ist es, die Sexualität im Pflegeheim leben zu können. So trifft man im Pflegeheim auf Erkrankungen, die es häufig schwer machen, sexuelles Verlangen zu stillen. Wenn man körperlich kann, müssen die alten Menschen immer mit der Angst leben, dass jemand unangekündigt das Zimmer betritt. Mit starker Scham ist auch die Situation besetzt, wenn eine Pflegeperson die Körperpflege durchführt und dabei eventuell eine sichtbare sexuelle Erregung entsteht.

Für mich zeigt das, dass sich Pflegende ebenso wie Pflegebedürftige an bestimmte Regeln halten müssen. An Regeln und Normen, die nicht unbedingt ausgesprochen, oder schriftlich festgelegt werden müssen. Jedem Menschen sollte Freiraum für seine Sexualität gewährt werden. Achtung gegenüber alten Menschen sollte selbstverständlich sein, denn das sind diejenigen Menschen, von denen wir jungen Menschen lernen können. Ihre Erfahrungen in jeglicher Hinsicht können hilfreich für unser Denken und Handeln sein. Besonders können wir aber in Sachen Beziehung von ihnen lernen, denn die Generation der heute alten Menschen hat viele Jahre Ehe hinter sich, hat viele Kinder groß gezogen und hat schon viele Beziehungskrisen gemeistert. So sollten wir ihnen wie auch anderen Altersstufen die Möglichkeit geben, ihre Sexualität ausleben zu können, ist ein Grundbedürfnis aller Menschen und die Nichterfüllung dieses Bedürfnisses führt zu Frustration.

Literaturverzeichnis

Berberich, Hermann und Brähler, Elmar (Hrsg.) (2001) . Sexualität und Partnerschaft in der zweiten Lebenshälfte. Gießen: Psychosozial-Verlag.

Köther, Ilka (Hrsg) (2005). Altenpflege zeitgemäß und zukunftsweisend. Stuttgart: Georg Thieme Verlag KG

Krech, David (1992) Grundlagen der Psychologie, Band 6. Weinheim: Psychologie Verlags Union

Littger, Heike (Juni 2007). Ohne ihn. Weinheim: Beltz Verlag

Peuckert, Rüdiger (2008). Familienformen im sozialen Wandel. 7. Auflage. Wiesbaden: Verlag für Sozialwissenschaften.

Reed, Susan D. (Februar 2008). Menopause senkt die Lust. Weinheim: Beltz Verlag

Schäffler, Arne; Menche, Nicole; Bazlen, Ulrike und Kommerell, Tilman (Hrsg) (2000). Pflege heute. München und Jena: Urban und Fischer Verlag.

Schrader, Sabine (2007). Großes Wörterbuch Psychologie - Grundwissen von A-Z. München: Compact Verlag

Sonnenmoser, Marion (Mai 2007). Alt ist erst, wer „echt alt" ist. Weinheim: Beltz Verlag

Stanjek, Karl (Hrsg.) (2001). Sozialwissenschaften. 2. Auflage. Altenpflege konkret. München: Urban und Fischer Verlag.

Wilhelm, Klaus (Mai 2009). Romantische Liebe – haltbar. Weinheim: Beltz Verlag

Wimmer, Monika (Juni 2009). Eheglück im leeren Nest. Weinheim: Beltz Verlag

Wunderer, Eva und Schneewind, Klaus A. (2008). Liebe ein Leben lang? Was Paare zusammen hält. München: Deutscher Taschenbuch Verlag GmbH & Co. KG.